MADAME LA COMTESSE DE NOAILLES.

LA COMTESSE DE NOAILLES

ET SES POÉSIES

Lorsque la comtesse Mathieu de Noailles publia, en 1901, son premier volume de vers, le *Cœur innombrable* (1), je rédigeai, après l'avoir lu, quelques notes brèves que je retrouve inédites dans les pages du livre, et que je tiens à reproduire au début de cette étude. Elles lui serviront de préambule. Voici ces notes :

Août 1901. — Je viens d'achever la lecture de *Cœur innombrable*, par un beau soir d'été, loin de Paris, devant un paysage charmant de Franche-Comté. La fenêtre est ouverte, j'aperçois, dans le lointain, des montagnes boisées, dorées par les rayons mélancoliques du couchant. Comme leur verdure est douce à mes yeux fatigués ! Comme ma vue se repose avec bonheur devant ces coteaux si tranquilles, qui semblent saluer le jour à son déclin ! De blanches vapeurs flottent sur la plaine, j'entends murmurer le ruisseau jaseur du voisinage, et j'admire la sérénité de la nature. Quelle joie saine et pure nous vient par elle ! Combien les hommes et la société pèsent peu devant ses beautés ! Quel symbolisme profond dans la vieille fable d'Antée qui retrouvait des forces en touchant la terre ! Le ciel est pur, l'air est frais et léger, c'est à peine s'il agite le feuillage des peupliers de la prairie.

Je tiens à la main le volume de Mme de Noailles, je relis quelques pièces, notées au passage d'une première lecture faite à Paris, et je trouve une affinité singulière entre les vers du poète, l'état de mon âme, et la scène magnifique et paisible qui se déroule devant moi.

La comtesse de Noailles a un vif sentiment de ces beautés de la nature qui m'ont toujours ensorcelé, et que j'ai si souvent chantées moi-même ; son être entier est en contact permanent avec le vent et la lumière, les bois et les champs, les coteaux et la plaine, les arbres et les plantes, les fleurs et les parfums, bref avec les mille trésors de l'univers ; c'est dire que nous sommes en présence d'une âme toujours émue et toujours vibrante.

Heureux état, s'il en fut jamais ! Aux champs comme à la ville, on marche avec le sourire aux lèvres et une auréole au front ; on descend la pente des collines avec un cœur naïf ; on traverse les sentiers embaumés avec un frisson de joie indicible ; on est enivré par la fraîcheur de l'aube et la mélancolie du soir ; on se promène, en un mot, au milieu du vaste monde avec l'harmonie et la sérénité des dieux.

Ah ! quels transports ! Quelle intensité de vie ! Quelles clartés dans le cœur d'un poète ! Nous en pouvons juger par les vers attendrissants de la comtesse de Noailles, qui certainement révèlent des dons éminents, l'observation et l'élégance, l'inspiration et l'enthousiasme. Et l'auteur n'a que vingt ans !

Certaines pièces, telles que *Bittô*, *Rhodocleia*, *Offrande à Cypris* rappellent la fraîcheur d'âme hellénique, les élans d'amour naïf, la passion de la lumière, qui enflammaient le cœur des jeunes filles grecques, à l'aurore des civilisations, aux beaux jours du cycle homérique. Il faut remonter jusqu'à André Chénier pour retrouver chez nous cette source d'inspiration, ce rayon magique, ce coup d'aile vers les antiques sommets.

(1) *Le Cœur innombrable*, 1 volume, Calmann-Lévy, éditeur, 1901, Paris.

Aussi, un critique a-t-il pu dire justement de Mme de Noailles : « Lorsque dans ses vers éclatants, elle parle du soleil de l'Hellas, on devine qu'elle n'invente pas, mais qu'elle se souvient, et pourtant ce qui marque son livre d'un accent supérieur, c'est le génie français. » Dans les ancêtres de la jeune femme on trouve des Grecs lettrés et savants. A n'en point douter, elle a hérité de leur sensibilité, de leur finesse, de leur faculté d'admirer et de comprendre.

L'écrivain de *Cœur innombrable*, il est vrai, n'a point encore appris à dompter suffisamment les mots, et il se permet des licences de prosodie qui affaiblissent son œuvre. Il en conviendra lui-même plus tard. La Muse française a, de nos jours, des règles et des accords imprescriptibles, en dehors desquels nous ne croyons pas qu'un poète puisse prétendre à la solide gloire. Mais, cette réserve faite, nous constatons avec un plaisir sincère que le livre dont nous parlons est un beau cri d'admiration, et constitue un noble exemple de lyrisme.

Pourquoi ce titre : *Le Cœur innombrable*? Mme de Noailles nous l'explique dans la dernière pièce du volume où elle développe à sa façon le *carpe diem* d'Horace, et la pensée semblable que Ronsard a exprimée dans ces vers touchants :

> Vivez, si m'en croyez, n'attendez à demain!
> Cueillez, dès aujourd'hui, les roses de la vie!

Oui, les jours de l'homme sont courts, la jeunesse passe vite, les forces s'affaiblissent, et la mort cruelle nous saisit, et nous brise. Hâtons-nous donc de jouir de la félicité présente, et déployons nos facultés pour qu'aucun bien ne nous échappe. Écoutons la comtesse de Noailles :

> Garde ton âme ouverte aux parfums d'alentour,
> Aux mouvements de l'onde;
> Aime l'effort, l'espoir, l'orgueil, aime l'amour,
> C'est la chose profonde!
>
> Combien s'en sont allés de tous les cœurs vivants,
> Au séjour solitaire,
> Sans avoir bu le miel, ni respiré le vent
> Des matins de la terre!
>
> Toi, vis, sois innombrable à force de désirs,
> De frissons et d'extase;
> Penche sur les chemins où l'homme doit servir
> Ton âme comme un vase!
>
> Mêlé aux jeux des jours, presse contre ton sein
> La vie âpre et farouche;
> Que la joie et l'amour chantent comme un essaim
> D'abeilles sur ta bouche!

Ces derniers vers de *Cœur innombrable* indiquent, à mon sens, la philosophie de l'auteur, et nous donnent la clé de son ouvrage qui n'est en réalité qu'un long cri de volupté païenne.

Sois innombrable! C'est une belle devise à prendre en commençant le voyage de la vie. L'expérience assez tôt viendra avertir le voyageur que ses forces ont des limites, et qu'il doit mesurer ses désirs.

. . . .

Ces notes, écrites rapidement, devaient être complétées, et prendre la forme d'une causerie littéraire. Absorbé par d'autres travaux, je dus à regret les laisser de côté. Mais, j'avais toujours la pensée d'y revenir. La comtesse de Noailles, pendant ce temps, a composé un autre recueil de vers, l'*Ombre des Jours* (1), qui a paru récemment en librairie.

Je parlerai ici, avec quelques développements de ce second volume, et, en réalité, ce sera parler du premier, car l'*Ombre des Jours* n'est pas autre chose que l'œuvre initiale qui s'élargit et se prolonge, avec les mêmes qualités de sensibilité et d'émotion : c'est l'écho des mêmes joies, des mêmes désirs, des mêmes voluptés, et aussi de la même tristesse. Ce dernier sentiment semble toutefois s'affirmer ici davantage, et le poète trouve à ce sujet des accents d'une douceur pénétrante, qui rendent son talent plus sympathique encore.

* * *

C'est avec un plaisir tout intime que je viens passer en revue ces pages nouvelles, ces poèmes tout vibrants de passion naïve, de radieux soleil, de jeunesse et d'amour, mais traversés pourtant par un rayon de mélancolie et de désillusion. Quoi de plus attrayant qu'une âme avide d'idéal, emportée par de nobles élans, baignée de poésie, qui s'en va chantant son allégresse et sa peine ? Son charme devient plus puissant encore au milieu des laideurs et des vanités de notre époque, de la mauvaise foi, des sanglantes folies, des bassesses de laquais, des goûts dépravés, de l'universelle décadence. La pensée se repose sur elle avec un sourire fortuné, car elle apparaît comme une fleur choisie, une rose embaumée, au milieu d'un amas de ruines et de décombres en poussière.

Notre éloge toutefois doit être précédé d'une critique, toute amicale d'ailleurs. Mme de Noailles saute à pieds joints sur les règles de la prosodie française, qui pourtant sont peu compliquées. Elle fait rimer les singuliers avec les pluriels, comme *détours* et *amour*, *tranquilles* et *ville*, *année* et *journées*, *plaît* et *violets*, et elle pratique l'hiatus, le hideux hiatus, sans la moindre rougeur au front. Elle alléguera sans doute que les poètes du seizième siècle faisaient de même, mais nous sommes au vingtième siècle. Il y aurait grand avantage pour elle, nous le pensons, si elle voulait prendre la peine de soumettre son inspiration lyrique aux règles qu'ont respectées les plus grands génies modernes, depuis Corneille et Racine, jusqu'à Victor Hugo et Leconte de Lisle, en passant par André Chénier et Lamartine. L'art des maîtres a formé notre oreille et notre goût, et les a rendus difficiles.

Dans une pièce de l'*Ombre des Jours*, qui m'émeut spécialement, la comtesse de Noailles s'exprime ainsi :

J'écris pour que le jour où je ne serai plus,
On sache comme l'air et le plaisir m'ont plu,
Et que mon livre porte à la foule future
Comme j'aimais la vie et l'heureuse nature.

(1) *L'Ombre des Jours*, 1 volume, Calmann-Lévy, éditeur, Paris, 1902.

Attentive aux travaux des champs et des maisons,
J'ai marqué chaque jour la forme des saisons,
Parce que l'eau, la terre, et la montante flamme
En nul endroit ne sont si belles qu'en mon âme.

J'ai dit ce que j'ai vu et ce que j'ai senti,
D'un cœur pour qui le vrai ne fut point trop hardi,
Et j'ai eu cette ardeur, par l'amour intimée,
Pour être après la mort parfois encore aimée,

Et qu'un jeune homme alors, lisant ce que j'écris,
Sentant par moi son cœur ému, troublé, surpris,
Ayant tout oublié des compagnes réelles,
M'accueille dans son âme et me préfère à elles...

J'admire cette sincérité, cette âme qui s'ouvre et qui dit sa passion, son désir de gloire dans l'amour, sa noble ambition de n'être point oubliée, et d'être encore aimée au delà du tombeau.

La sincérité, don si rare, attrait si puissant, magie enchanteresse! Il faut la saluer au passage, lorsqu'on la rencontre. C'est si beau de dire simplement ce qu'on pense, ce qu'on veut, ce qui tient au cœur... Oui, voilà mon souhait! Voilà ce qui m'inquiète! Oh! si je pouvais atteindre là où j'aspire! Je parle en toute franchise : Comprenez-moi, vous qui m'écoutez, et consolez-moi!... N'est-ce point là la suprême séduction?

Pourquoi Mme de Noailles laisse-t-elle l'hiatus se glisser dans les vers charmants, cités plus haut? Elle veut qu'un jeune homme plus tard lise ce qu'elle a écrit et s'enivre de son souvenir. Vœu magnifique! Beau tourment de gloire! Mais la postérité, l'avenir, demain même, ne garderont la mémoire que des livres impeccables dans l'écriture et le style, et encore ne faut-il pas ignorer que beaucoup de ceux-là sombrent au sein des mêlées humaines, et vont dormir un sommeil profond dans le linceul de l'oubli.

Le jeune homme à qui pense Mme de Noailles va, de nos jours, à André Chénier, à Byron, à Shelley, à Gœthe, à Musset, à Lamartine, à Hugo, à Vigny, à Théophile Gautier, à Leconte de Lisle, et, s'il appartient à l'élite, il nourrit de plus sa pensée des merveilles du dix-septième siècle, et hardiment s'élance vers les splendeurs de la Grèce et de Rome.

Puisqu'elle veut obtenir plus tard le suffrage de ce jeune cœur, qu'elle élève [illegible]n style à la hauteur de ses pensées, qu'elle travaille ferme dans la [illegible]olitude où elle paraît se plaire, loin des vanités du monde, qu'e[illegible] méprise la forme facile, la toilette négligée des vers, et arr[illegible], elle le peut, à l'élégance véritable, à la forme impeccable, [illegible] vers sonore et pur, à la strophe cadencée, à l'art enfin qui donne un habile appui à l'inspiration et à l'enthousiasme. A ce prix, je lui promets que le jeune homme de l'avenir lira souvent ses poésies, et les emportera, pour évoquer son souvenir, au fond des anciens parcs, dans la profondeur des bois, au sommet désert des monts.

C'est parce que nous espérons beaucoup du talent de la comtesse de Noailles, et que ce talent nous est profondément sympathique, que nous faisons cette critique. Que la jeune femme n'y voie que notre souci et notre respect de la poésie, que notre ferveur sacrée pour la Muse étoilée, et aussi la conviction où nous sommes qu'elle peut faire éclore un jour un recueil de poèmes achevés. Plus tard, sinon aujourd'hui, elle reconnaîtra combien nous avons raison, et combien sa renommée littéraire nous est précieuse.

D'ailleurs, elle peut s'écrier avec la *Jeune Captive* :

> Mon beau voyage encore est si loin de sa fin !
> Je pars, et des ormeaux qui bordent le chemin
> J'ai passé les premiers à peine.
> Au banquet de la vie à peine commencé,
> Un instant seulement mes lèvres ont pressé
> La coupe en mes mains encor pleine.

Nous arrivons à la partie la plus agréable de notre tâche, celle qui consiste à mettre en relief les qualités d'un poète plein d'originalité et de passion.

Après avoir parcouru l'*Ombre des Jours*, comme après avoir lu le *Cœur innombrable* — au fond, c'est le même livre, — notre impression est que la comtesse de Noailles éprouve une volupté infinie en se trouvant en contact avec la nature, au retour du printemps, et plus encore pendant les mois d'été. Elle aime follement, j'oserai même dire qu'elle adore l'éclatant soleil, le divin Hélios, l'archer magique qui emplit l'univers de réverbérations fortunées ; elle aime aussi avec frénésie les jardins et les vergers, telle une faunesse en délire du vieux Latium.

Elle est émerveillée surtout, enivrée par les parfums des herbes et des plantes potagères, l'estragon, la ciboule, les choux, le fraisier, les bordures de buis, les couches de melons, les tomates, l'oseille ; par l'odeur des arbres chargés de fruits, le prunier, le pêcher ; par les moiteurs de la terre et de l'eau ; par les tièdes haleines de la prairie, du champ, de l'étang, du bois, de la rivière ; par les mille fleurs sauvages du vallon ; par les buissons et les arbres des routes ; par les exhalaisons troublantes qui suivent les pluies d'orage ; par les fraîcheurs du soir et du matin... que sais-je encore ?

Ces odeurs, ces parfums, toute cette flor[illegible] travail qui va s'épanouir au divin soleil, excitent dans l'âr[illegible] notre poète un impérieux besoin d'aimer ; son être entier fri[illegible]e, et s'allume, et flambe à ces émanations qui flottent, à ces ger.. [illegible] qui croissent, à ces brises embaumées qui passent, à ces fruits qui se développent, à ces pêches qui mûrissent et se fendent, à cette universelle fermentation qui remplit l'univers.

Alors, n'y tenant plus, elle prend sa lyre, chante, et nous crie son délire, et nous murmure sa plainte. C'est là qu'est son talent, c'est là qu'en elle gît le poète. Émue, elle fait passer son émotion en nous, et devient éloquente; sa frénésie nous transporte ; notre vieux fond sylvain se réveille à sa voix, et nous comprenons mieux, par elle, que l'antiquité ait adoré Pan, Priape, et les saintes Dryades.

.˙.

Ouvrons l'*Ombre des Jours*, et suivons dans ses chansons la fille inspirée du vieux Pan. La première pièce est un cri d'alarme devant la fuite rapide des années.

Elle dit :

Pourtant, tu t'en iras un jour de moi, Jeunesse,
Tu t'en iras, tenant l'Amour entre tes bras ;
Je souffrirai, je pleurerai, tu t'en iras,
Jusqu'à ce que plus rien de toi ne m'apparaisse.
. . . .

Pauvre Amour, triste et beau, serait-ce bien possible
Que vous ayant aimé d'un si profond souci,
On put encor marcher sur le chemin durci
Où l'ombre de vos pieds ne sera plus visible ?

Et quand l'automne roux effeuille les charmilles
Où s'asseyait le soir l'amante de Rousseau,
Etre une vieille, avec sa laine et son fuseau,
Qui s'irrite, et qui jette un sort aux jeunes filles...

— Ah ! Jeunesse, qu'un jour vous ne soyez plus là,
Vous, vos rêves, vos pleurs, vos rires et vos roses,
Les Plaisirs et l'Amour vous tenant — quelle chose
Pour ceux qui n'ont vraiment désiré que cela !...

Cette dernière strophe est la clé de l'*Ombre des Jours*. Tout le livre et tout le poète se résument et se condensent en ces vers. L'heure est brève et nos destins sont rapides : cette cruelle vérité se dresse fatalement dans l'esprit de l'écrivain de sentiment, au début de sa carrière. Avide de perfection, de force, d'éclat, de lumière, de floraisons magiques, il voit autour de lui l'écroulement, la faiblesse, les ténèbres, la laideur, le vice, la décrépitude et la mort. Il mesure d'un prompt regard l'espace de la vie, et quel que soit l'enchantement du départ, il s'attriste en apercevant le terme du voyage, et, ici, il s'écrie avec un beau geste :

Ah ! Jeunesse, qu'un jour vous ne soyez plus là !...

La comtesse de Noailles a parcouru les premières étapes de l'existence, déjà elle a des souvenirs, et il lui est doux de les évoquer. Elle s'arrête un moment, et retourne la tête vers le chemin parcouru. Elle aperçoit là-bas quelque ancien gîte de son bonheur, et, attendrie, elle s'écrie :

Maison où j'ai passé tous les plus tendres mois
De mon aventureuse et frissonnante vie,
Mon rêve vous bâtit dans mon âme ravie,
Et voici qu'aujourd'hui je vous habite en moi.

Je revois les moments oppressés du voyage,
Où, quittant la cité pour votre plus doux air,
Je demeurais la nuit, grave et les yeux ouverts,
Toute roulée au beau désir de votre image.

Elle décrit cette retraite de campagne ; nous voyons le vestibule qui résonne sous les pas, la pièce basse, les chambres, le jardin, le gazon et les corbeilles, pleines, dit-elle,

D'une sauge velue et bleue, qui sentait fort.

Voici la dernière strophe, celle du regret et de l'émotion :

Rien n'est changé là-bas, mais j'ai changé moi-même.
Ce n'est plus qu'en rêvant que je revois encor
Ces beaux soleils, venus de l'âme et du dehors,
Près de qui, comme un flot d'abeilles qui essaiment,
Mon plaisir tournoyait avec des ailes d'or...

A ces moments d'évocation mélancolique, mêlés de je ne sais quelle volupté délicieuse, l'être se dédouble, on se revoit tel qu'on était jadis, plus jeune, plus novice, plus naïf, avec d'autres traits, avec d'autres vêtements gravés dans la mémoire et devenus démodés ; il semble qu'on soit le frère ou la sœur de soi-même, qu'un seul des deux êtres ait vieilli, tandis que l'autre est resté là-bas, avec un sourire juvénile et de vastes espoirs, « avec des ailes d'or », comme dit élégamment Mme de Noailles.

Plus loin, elle dépeint une région qu'elle connaît bien, le pays de l'Aisne et de l'Oise, plein de grands souvenirs, on le sait, Racine, La Fontaine, et combien d'autres. Les jours passés lui apparaissent à travers un prisme enchanteur, elle s'élance avec délice vers les soleils qui ne sont plus :

O beaux pays d'ordre et de joie,
Vous ne déchiriez pas le cœur
Comme à présent où l'homme ploie
Sous votre ardeur et votre odeur.

Quand Fénelon, au temps champêtre,
Marchait dans le soir parfumé,
Sentant déjà la langueur d'être
Un jour malgré soi-même aimé :

La lune, le hêtre immobile,
L'eau grave, l'if silencieux,
Entraient dans son rêve tranquille,
Et formaient la face de Dieu.

Et quand après des pleurs de rage,
Les amants entraient au couvent,
Les étangs et les beaux ombrages
Les consolaient des yeux vivants.

Car, dans ce temps, haute et paisible,
La Nature, ses bois, ses eaux
N'avaient pas cette âme sensible
Qui plus tard fit pleurer Rousseau.

La comtesse de Noailles touche ici, peut-être sans le vouloir, à l'évolution que subirent la pensée française et la littérature, au dix-huitième siècle, sous l'impulsion justement de l'immortel écrivain qu'elle nomme à la fin, de Jean-Jacques Rousseau.

Certes, la nature était aussi belle au dix-septième siècle qu'elle le fut au dix-huitième, mais les esprits et les cœurs, sauf Mme de Sévigné, La Fontaine, Fénelon et Racine, la comprenaient moins, l'interrogeaient moins, étaient moins sensibles à ses beautés, à ses harmonies, à ses brises, à ses vallons, à ses forêts, à ses montagnes et à ses eaux.

Rousseau parut, et son génie, où le sentiment égalait la raison, créa le grand courant qui emporta vers cette adorable nature ses contemporains et les générations nouvelles, les comtesses et les marquises qui, vers 1760, étaient dans l'éclosion de leur printemps et la ferveur de leurs amours, les galants chevaliers qui s'enivrèrent de la prose incandescente de la *Nouvelle Héloïse* et de l'*Emile*. Jean-Jacques répandit partout la flamme qui dévorait son âme, flamme généreuse qui ne s'est point éteinte, et dont nous sentons encore — Mme de Noailles en est la preuve, et ne me démentira pas — la douce chaleur, la réverbération bienfaisante.

*
* *

Dans les poèmes qui suivent, j'ai remarqué celui qui porte ce titre : *Les Voyages*, et qui m'a rappelé Baudelaire. L'état d'âme du voyageur est bien caractérisé.

> Le confiant espoir, l'allégresse naïve
> De croire que plus loin d'autres cieux, d'autres mains
> Donneront de meilleurs et plus chers lendemains,
> Et que le bonheur est aux lieux où l'on arrive !
>
> Ah ! la claire arrivée, au lever du matin !
> Les gares, leur odeur de soleil et d'orange,
> Tout ce qui sur les quais s'emmêle et se dérange !

L'auteur consacre une strophe à chaque pays qui le tente, l'Espagne, la Grèce, la Suède, l'Allemagne, la Hollande, d'autres encore. Il caractérise ensuite les diverses régions et villes de France, et termine l'énumération par ces jolis vers :

> Bourgs serrés, hameaux clairs, petite citadelle,
> Grimpant au flanc des monts, assaillant les coteaux,
> Paysage vivant aux veines bleues des eaux,
> Ville au midi, avec des jardins auprès d'elle...
> Je porte tout cela dans mon cœur élancé...

Nous nous reconnaissons dans ces vers. Notre cœur aussi s'est élancé vers des pays inconnus, des « Eldorados promis par le Destin », comme dit Baudelaire. Oui, chacun de nous a fait, par quelque riant matin, de beaux projets de voyage vers des rives ignorées. Qui n'a, là-bas, entrevu le cadre fortuné de son repos, de ses amours, de ses amitiés, de son bonheur ? Qui n'a suivi les nuages qui passent, chassés par le vent, et n'a dit à ces frêles messagers avec un poète contemporain :

Dans l'espace avec vous voyage ma pensée :
Inquiète, elle va vers des bords inconnus
Où s'écoule une vie heureuse et cadencée,
Où le poète trouve, en sa course insensée,
Des foyers pleins de joie et des cœurs ingénus (1).

Mme de Noailles souhaite de voir

La Suède d'argent, avec ses deux saisons.

Nous avons eu le même désir, et nous avons pu le réaliser. Combien il nous a été doux de faire ce voyage, et de connaître ce peuple si hospitalier et si sympathique! Nous avons trouvé là des mœurs policées et simples, une nature admirable, des cœurs dévoués et bons, des lacs paisibles, des îles riantes et boisées... Oh! Quels foyers heureux! Quelle joie j'ai éprouvée parmi ces amis de notre France! Quels « chers lendemains » me sont venus par eux! J'ai béni leur souvenir, en lisant la strophe où la comtesse de Noailles parle de cette nation qui vit si loin, trop loin de nous...

∴

« L'âme faunesse » de Mme de Noailles — le mot est d'elle — se donne librement carrière dans les divers poèmes qui suivent, spécialement dans l'*Année*, le *Répit*, *Emerveillement*.

Elle dit, en parlant du printemps :

C'est déjà, sourdement sous l'herbe et dans les bois
L'impétueux réveil des dieux chauds et vivaces,
Qui ramènent, noués ensemble, les trois mois
D'impatient désir, de tumulte et d'audace.

Un impérieux besoin d'amour est partout répandu durant ces mois verts et fleuris, puis durant l'été brûlant. Sous l'étreinte de la Nature, elle pousse ce cri, elle forme ce vœu :

Ah! l'échange divin du cœur touchant au cœur,
Le dangereux, suave et subtil sacrilège
D'épancher son tourment, sa fureur, sa douleur,
Et qu'un cœur soit rempli de l'autre qui s'allège!

Hélas! Combien est rare le trésor d'un cœur vraiment ami, d'une âme vraiment sœur, d'un autre soi-même, doux, souriant, indulgent, sûr, brûlant d'intelligente affection! Heureux, mille fois heureux qui le possède! Infortuné qui ne le peut rencontrer! Plus infortuné peut-être celui qui le perd, et qui, après des ivresses infinies, retombe dans la morne solitude des hommes, et l'affreux désert des sociétés! A tous ceux-là, la comtesse de Noailles dit avec une grande finesse d'analyse :

(1) *La Vie Ardente*, poésies, par Hippolyte Buffenoir, Alphonse Lemerre, éditeur, Paris, 1883.

Toujours désenchantés et toujours désirant,
Vous connaîtrez l'amère et rude alternative
De presser contre vous le jour indifférent
Ou d'essayer de fuir votre âme obscure et vive.

Selon Mme de Noailles, c'est le fatal été surtout qui allume ainsi dans l'être entier l'impérieux désir d'aimer, désir qui peut aller jusqu'à l'angoisse. La nature est en fête, ses mille voix, sa verdure, ses brises, ses parfums, ses « dieux chauds » nous appellent, nous provoquent aux délices de l'abandon, au charme infini des aveux. A l'automne, à l'hiver, cette fièvre terrible tombera, nous ne serons plus obsédés ; nos cœurs, comme les pâles soleils de décembre et de janvier, n'auront plus en eux la chaleur enivrante ; ils s'engourdiront, pareils aux arbres dépouillés, pareils à la vaste plaine, glacée sous son linceul de neige.

Retournez doucement dans les bonnes maisons,
Reprenez l'hivernale et prudente habitude,
Elle est morte la folle et perverse saison,
Quel calme, — quel repos, — quelle béatitude !

L'hiver donc amène un répit, les éléments n'enveniment plus nos passions ; qu'on se modère, qu'on soit sage :

Qu'ayant oublié l'air, les routes et l'espace,
Auprès du feu qui fait un bruit mourant et bas,
On prenne du plaisir à boire dans la tasse,
A lire dans le livre, à ne se chérir pas...

Mme de Noailles nous avise que cette sagesse sera de courte durée. Elle-même ne pourrait s'y résigner longtemps, et elle nous dit avec un accent de sincérité que j'admire :

Mais tandis que sera si prudente la vie,
J'entendrai s'apprêter dans les jardins du Temps,
Les flèches de soleil, de désir et d'envie
Dont l'été blessera mon cœur tendre et flottant.

Elle célèbre ensuite les joies que lui donnent la terre, les collines, les arbres, les maisons aux tuiles roses, les chariots traînés par des bœufs, les enclos plantés de chanvre, l'odeur du temps. Elle dit :

Je sais tous les secrets des plantes et des eaux.

Elle nous en donne, en effet, la preuve dans la pièce intitulée les *Plaisirs des Jardins*, pièce charmante, d'une grâce toute féminine, dont je tiens à citer ces strophes :

Viens avec moi ce soir, en doux pèlerinage,
Vers les massifs touffus et les clairs espaliers,
Où, par la tige courte et forte, sont liés
Les brugnons éclatants au verdoyant feuillage !

Sens-tu, comme il est vif, sage, divin et beau,
Le fruit gonflé du suc auguste de la terre,
Et sache, comme moi, honorer le mystère
De la chair tendre éclose à l'entour du noyau !

L'originalité poétique de la comtesse de Noailles consiste dans cette ivresse des germinations, dans ces enthousiasmes païens qui la dévorent au contact des fleurs, des fruits, des plantes. Elle semble ignorer la société, le tumulte des vanités mondaines, les conventions des castes, les préjugés des salons, la puérile existence de tant de femmes des villes. La lyre à la main, elle s'avance, ravie, au milieu des beautés immortelles de l'immense univers. Elle est bien la fille du vieux Pan.

. .

J'éprouve un grand plaisir à citer les poètes, à écrire leurs vers, quand j'y découvre une émotion vraie, une pensée délicate, et, en même temps, le coup d'aile lyrique de l'expression, la magie du verbe.

Mme de Noailles a parfois de belles trouvailles. Ainsi, dans un dialogue qu'elle appelle l'*Étreinte*, Mélissa dit à Rhodon qui l'adore:

Mon cœur est comme un bois où les dieux vont venir !

Je trouve ce vers exquis : il est digne d'André Chénier.

Au début d'un petit poème intitulé l'*Orage*, elle écrit avec une tendresse infinie :

Voici le frais orage, ah ! que toute la pluie
Descende sur mon cœur, et baigne mon amour !

Plus loin, je remarque deux vers profonds, où toute l'histoire des cœurs aimants est résumée :

Tu vas, toi que je vois, mon ombre, ô mon moi-même,
Tu vas, ayant toujours plus aimé qu'on ne t'aime !

Il faut un noble courage pour faire ce dernier aveu : les natures d'élite seules en sont capables. De là vient certainement dans notre auteur cette mélancolie, cette amertume naissante, dont je parlais en commençant, et qui, on peut le prévoir, ira en s'accentuant, s'il publie d'autres recueils de vers. La disproportion entre la réalité et l'idéal est trop grande, et la désillusion, mille froissements intimes amènent toujours des chants de désespoir, à moins que l'âme du poète ne soit trempée à l'acier de la philosophie et du stoïcisme. Il répond alors par un superbe et vigoureux mépris aux misères et aux sottises de ce monde.

Notre dernière citation sera empruntée au poème des *Regrets*. Mme de Noailles songe à la mort et dit :

D'autres seront alors vivants, joyeux, contents,
Des hommes marcheront auprès des jeunes filles,
Ils verront des labours, des moissons, des faucilles,
La couleur délicate et changeante des mois...
Moi, je ne verrai plus, je serai morte, moi,
Je ne saurai plus rien de la douceur de vivre...
Mais ceux-là qui liront les pages de mon livre,
Sachant ce que mon âme et mes yeux ont été,

Vers mon ombre riante et pleine de clarté
Viendront, le cœur blessé de langueur et d'envie,
Car ma cendre sera plus chaude que leur vie!...

Sur cette plainte touchante, fermons l'*Ombre des Jours*, et félicitons hautement le poète qui a su nous émouvoir et nous enchanter, même en donnant à ses jeunes pensées les formes anciennes et imparfaites du seizième siècle. Quelle puissance d'attendrissement n'aura point la comtesse de Noailles, lorsqu'elle consentira à mettre au service de son ardente imagination, de sa mélancolie passionnée, de son adorable sincérité les mélodieux accents de la prosodie, le respect de la rime, le langage pur des maîtres modernes!

Paris, janvier 1903.

Hippolyte BUFFENOIR.

APPENDICE

La comtesse de Noailles, qui n'a pas encore vingt-cinq ans, est la seconde fille de la princesse Bassaraba de Brancovan, née Musurus, dont le salon parisien jeta, il y a quelques années, un éclat si extraordinaire, et dont les réceptions d'été dans sa villa d'Amphion, sur les bords du lac de Genève, sont restées célèbres. L'auteur de *Cœur innombrable* a donc grandi au milieu de belles fêtes mondaines, en même temps que dans le mouvement des idées et le culte fervent des arts et des lettres. La nature, par surcroît, devint son inspiratrice, sa confidente, son amie.

La princesse de Brancovan fut jadis une admiratrice fervente du philosophe Caro. Celui-ci, spiritualiste zélé, nature délicate, esprit avide de beauté, cherchait sans cesse à élever les intelligences et les cœurs; il parlait avec une éloquence communicative de l'idéal que chacun de nous doit poursuivre, et son enseignement était, en définitive, une source de consolations et d'espérances.

Il s'était donné cette belle et haute mission d'ennoblir les âmes, et il sut la remplir avec un éclat dont le souvenir ne s'est point effacé. La princesse de Brancovan avait compris la tâche généreuse du philosophe, qui correspondait si bien à ses propres sentiments; aussi, le seconda-t-elle de toute son influence et de toute sa grâce de mondaine émérite.

On peut se rendre compte ainsi du cadre intellectuel au milieu duquel grandit la future comtesse de Noailles.

Dès leur apparition, les poésies de la jeune femme furent saluées par la critique, avec une ferveur marquée. L'Académie française, indulgente pour ses licences de prosodie, n'a voulu voir avant tout que l'effort de son intelligence, que l'affirmation de son goût lyrique, que sa belle inspiration, et lui a donné un prix, après la publication de *Cœur innombrable*.

Nous avons pensé qu'il serait intéressant, pour compléter cette étude, de citer ici quelques articles consacrés depuis deux ans à Mme de Noailles. Ce sont là de brillants souvenirs, et aussi des documents utiles.

Au mois de juillet 1901, M. Gaston Deschamps écrivait dans le *Temps* :

« Ai-je besoin de dire doctoralement, après ces citations, que le *Cœur innombrable* est un des plus remarquables recueils de vers qui aient été publiés depuis longtemps ? J'y note une rare entente du rythme, un sentiment exquis des paysages d'automne, le goût des jardins et des bois, une nuance d'irrespect pour les mensonges majestueux. Si j'ai peut-être trop précisé la thèse qui me semble circuler à travers ces poèmes, comme l'écho d'une chanson à travers les branches d'un verger fleuri, c'est bon signe. Car les livres qui sont des sujets de méditation ne sont pas nombreux dans les boutiques de nos libraires. J'y voudrais plus de fermeté dans le dessin, moins de lignes imprécises et inachevées ; mais le charme du génie féminin est de ne point aimer ce qui est fini, et de considérer la perfection comme un état de fixité, proche de l'ennui. »

Lorsque parut le *Cœur innombrable*, le ***Figaro*** parla de l'auteur en ces termes :

« Mme de Noailles apparait très complètement femme par la grâce sinueuse, l'élégance absolue de l'attitude mentale, le repliement de la mélancolie, la vibration affective sitôt éveillée en elle par les choses, par les êtres sur quoi se pose la caresse de sa pensée, même à certaines places par une délicieuse faiblesse lassée ; pourtant la voix qui parle dans ses vers est une voix virile. La singularité de cette antinomie cause une impression qui va croissant à chaque page en curiosité et en surprise...

« ... Au moyen d'un don prodigieux et unique jusqu'ici, son cerveau agit sur le monde extérieur à la façon d'un cerveau d'homme. Le mot qu'elle choisit, qu'il soit simple ou rare, est d'une précision qui fait frissonner de plaisir ; son épithète a la force créatrice qui découvre dans les choses des points inaperçus. Elle sait l'arome des fruits, le goût du vent, ses doigts subtils gardent la mémoire des contacts et en reconnaissent les irritations diverses ; elle entend les sons de la nature avec la même sûreté qu'un musicien expert suivant l'arabesque d'un instrument dans la clameur de l'orchestre. — et tout cela elle l'exprime avec une puissance de pittoresque dont l'apparente facilité déconcerte. Car nul travail patient n'apparait en ses rythmes souples qui font penser à ce qu'a dit Schopenhauer : qu'il semble que les beaux vers existaient de tout temps préformés dans la langue, attendant qu'un poète leur fît, d'un geste aisé, signe de vivre à la lumière. »

Dans le même journal, un an après, M. Marcel Ballot écrivait, après la publication de l'*Ombre des Jours* :

« On n'a point oublié l'enchantement que ce fut — enchantement qui n'alla point sans quelque stupéfaction — quand la comtesse Mathieu de Noailles nous donna ses premières poésies. Dans le monde des lettres et dans l'autre, une vague méfiance accueillit cette fraîche corbeille de fruits aussi précoces que délicieux : et, de fait, le poète du *Cœur innombrable* n'avait-il pas tout contre lui ? D'abord, l'illustre nom qu'il porte, car notre démocratie garde l'absurde préjugé, d'ailleurs si souvent démenti, qu'au temps où nous vivons des mains patriciennes sont rarement des mains d'artiste ; puis, l'hostilité de sa caste, plus égalitaire qu'on ne pense et féroce pour ceux des siens qu'un bel effort singularise, quitte, lorsqu'ils ont triomphé, à s'enorgueillir de leur gloire et à se parer de leurs lauriers; ensuite, son extrême jeunesse, nos mémoires ayant désappris que les abeilles de l'Hymette vont d'instinct aux lèvres fleuries, aux lèvres roses « d'enfants sublimes » et que vingt ans, c'est l'âge des Muses ; enfin, sa beauté rare, empreinte d'exotisme et d'étrangeté, son profil régulier de médaille byzantine, ses yeux ensoleillés d'icone malicieuse ou de sphinge ingénue qui, à eux seuls, semblaient un poème auquel rien ne peut ajouter, et qui nous faisaient craindre, aussi, que cette petite reine d'Égypte, que cette mignonne princesse du Bas-Empire n'eut écrit des vers moins français qu'hiéroglyphiques ou décadents. Mais, dès qu'elle chanta, les préventions tombèrent, et nous eûmes, en l'écoutant, la joie de découvrir qu'elle était bien de chez nous, qu'elle descendait tout droit de l'antiquité grecque, notre commune ancêtre, et que, comme celle de Chénier, son âme nous était revenue par les chemins dorés de l'Hellade — ces chemins qui conduisent, ainsi que chacun sait, en Touraine et en Ile-de-France. »

Dans son rapport sur les concours de l'Académie française pour l'année 1902, M. Gaston Boissier, secrétaire perpétuel, s'est exprimé ainsi, le 20 novembre, à la séance publique annuelle :

« Comment n'aurions-nous pas réservé un de nos prix à Mme la comtesse de Noailles? Quand même son livre, le *Cœur innombrable,* ne nous aurait pas été désigné par l'accueil qu'il a reçu non seulement dans les sociétés mondaines, mais aussi dans la presse et le grand public, comment n'aurions-nous pas été séduits par cette jeune femme, à qui une fée apporta, dès le berceau, avec tout le reste, le don suprême de la poésie?... Nous avons été conquis par ce lyrisme spontané, cette imagination colorée et abondante, ce sensualisme ingénu, ces transports d'admiration devant la nature, cet enivrement de la vie, et, sur ce front charmant, nous avons posé une couronne. »

Nous pourrions donner d'autres jugements et multiplier les citations. Celles qui précèdent suffisent, nous le pensons, pour rappeler l'heureuse impression que le monde des lettres ressentit lorsque, dans le ciel étoilé des poètes, apparut, souriante et inspirée, la jeune muse du *Cœur innombrable* et de l'*Ombre des Jours*.

H. B.

6081-02. — Corbeil. Imp. Crété.

www.ingramcontent.com/pod-product-compliance
Lightning Source LLC
LaVergne TN
LVHW012019170826
845678LV00004BA/1566

* 9 7 8 2 3 2 9 6 3 5 7 0 5 *